VERSO Y REVERSO DE AMOR

MARÍA RAMOS GALLARDO

VERSO Y REVERSO DE AMOR

EXLIBRIC

ANTEQUERA 2020

VERSO Y REVERSO DE AMOR
© María Ramos Gallardo
Diseño de portada: Dpto. de Diseño Gráfico Exlibric

Iª edición

© ExLibric, 2020.

Editado por: ExLibric
c/ Cueva de Viera, 2, Local 3
Centro Negocios CADI
29200 Antequera (Málaga)
Teléfono: 952 70 60 04
Fax: 952 84 55 03
Correo electrónico: exlibric@exlibric.com
Internet: www.exlibric.com

ISBN: 978-84-19092-19-9

Nota de la editorial: ExLibric pertenece a Innovación y Cualificación S. L.

MARÍA RAMOS GALLARDO

VERSO Y REVERSO DE AMOR

Prólogo

Cae la tarde. Es tiempo de mudanza, el otoño se acerca acortando la luz del día. Las golondrinas chían en vuelos incesantes, pronto tendrán que iniciar el vuelo de regreso, con su nueva prole, a tierras más cálidas. Viene a mi memoria la rima LIII de Gustavo Adolfo Bécquer:

Volverán las oscuras golondrinas
en tu balcón sus nidos a colgar,
y otra vez con el ala a sus cristales
jugando llamarán.

Pero aquellas que el vuelo refrenaban
tu hermosura y mi dicha al contemplar,
aquellas que aprendieron nuestros nombres
ésas…

Asocio amor y golondrinas. Al parecer, las golondrinas son unos de los animales más fieles. Dicen que cuando encuentran su alma gemela, comparten su vida con esta para siempre. Por ello, su significado de amor eterno. ¿Pero existe el amor eterno?

A lo largo de la literatura se ha escrito mucho sobre el amor desde diferentes perspectivas: desde Petrarca, Garcilaso de la Vega, Luis Cernuda… Amor y poesía, un binomio incuestionable.

La vida y el amor vienen asociados al eterno dualismo del amor y el desamor. Pero el amor es algo más complejo. El amor en sí mismo es una tragedia, una lucha que puede dar sentido a la vida y transformarla o todo lo contrario. Amor y poesía van juntos de la mano. El amor está al servicio de la poesía y la poesía está al servicio del amor y de todo lo que este genera en la psique humana. El mundo de las emociones se filtra por el verso y hace del amor un compendio de manifestaciones emocionales encontradas, que se van trenzando en un juego donde deseo, melancolía, nostalgia, etc. van dando lugar a un universo, donde significado y significante juegan como las golondrinas de la rima por el espacio sonoro del verso.

Es entonces cuando el lector se regocija entre lo que lee y lo que piensa. Relee en voz alta, dando sonoridad a la magia, que ofrece el juego sintáctico y semiótico con las palabras. Todo poema puede parecer bellísimo desde el exterior, desde su significante; todas las palabras dicen algo, se escuchan, se sienten cercanas, y el significado se revela ante el verso y el poema, que nos llevará a otros significados más oscuros. La poesía es así de caprichosa. Esto es lo que la hace diferente de otros lenguajes ante la percepción real de una sensación subjetiva por medio de la semiótica del amor, bien estandarizada, o bien, descontextualizada. Es justamente la construcción del sentido, que el lector amoroso hace, respecto de lo que lee, de lo que piensa y de lo que siente. Y ese sentimiento se ve entremezclado entre sus recuerdos, sus sueños, su presente. El poeta escribe, decide, juega y elabora un código poético-amoroso que puede cambiar patrones y normas. Este es el caso de Verso y reverso de amor, verdadero juego caprichoso, donde la lectura comienza por el verso, por derecho, "Antes del amanecer".

Mientras, el cerebro en su idealismo
echaba de menos todo
lo que podría ser real;
degustar un cuerpo a besos,
compartir el silencio del preámbulo del día.

Entre sueños llueve y la percepción y la visión se confunden en un silencio, para liberarse en planeta regenerador, que ha mudado en una vigilia rebelde, un eclipse donde se extasían sueño y realidad.

Fue un eclipse de entes
y ahora estás a años luz
porque la casualidad cuántica es muy puta,
pero te juro por Einstein
que he de encontrarte…

Se conjuran los cuatro elementos de la naturaleza y surge la chispa que provoca el incendio, donde los cuerpos se funden.

Tierra, agua aire y fuego
de dos cuerpos en uno,
una sola amalgama
y al mismo tiempo.

Hasta decir el nombre exacto, el amante gira, se enreda como un trompo para ir "girando por los suelos / con el alma en la punta de metal", para descubrir la mística y desnudarse en una espiral áurea, donde el amante se sabe poema, canción. Verso a verso se van desgranando afirmaciones, dudas, imágenes, hasta llegar al Intraverso. El amor en estado puro, atómico y ancestral, karma, color azul o verde mar, acompasados con el frenético ritmo de la canción Cherry red de los Five Horse Johnson en un pub tumultuoso de cualquier sábado noche, con el sabor del whisky entre los labios y el silencio como prioridad necesaria, envuelto por el humo de un cigarrillo. Viaje astral "entre ser un verso en tu boca o un solo uni-verso".

Una nube pinta de niebla el panorama desdibujando el paisaje. Reverso, otra puerta abierta en el juego poético-amoroso ¿Es "reverso" una repetición del verso o, por el contrario, es una negación del mismo? Atraviesa el umbral, adéntrate. Descúbrelo por ti mismo. Ten en cuenta que la poética es caprichosa. Un solo poema tiene un solo significante y un significado, que plasmó su autora; sin embargo, tú, como lector, podrás leer y transfigurar cada poema desde tu experiencia. Su significación no cambiará, ya que su disposición sentimental estará relacionada con tus propios pensamientos y emociones que lo acompañarán a través de su lectura.

Ildefonso Gómez Sánchez

SINTAXIS DEL PARAÍSO

Él: Las hogueras sentaron plaza en tus pupilas.
Ella: Crujían miradas propulsadas desde el iris
en emociones incineradas.
Él: Y fue entonces que los sexos inflamados
se inscribieron en el aire,
Ella: prietas nubes rectas lentamente disipadas.
Él: Hoy, hoy llueve en exceso y es gris el día,
pero después la noche ahondará en sus raíces,
Ella: una ilimitada y eterna línea continua de caminos
al sur, subsuelo enmohecido, fértil y ramificado.
Él: Mas la lluvia caerá sobre los hombros del mediodía,
y ya no será lluvia, sino racimos anhelantes de tu pubis.
Ella: Y de tus hombros una acrobacia ondulará alrededor
de tu cuerpo del mismo Eros con forma de serpiente.
Muerdo tu manzana.

Francisco Aranda - María Ramos

Verso

«El amor no es sino la acuciante necesidad de sentirse con otro, de pensarse con otro, de dejar de padecer la insoportable soledad del que se sabe vivo y condenado. Y así, buscamos en el otro no quien el otro es, sino una simple excusa para imaginar que hemos encontrado un alma gemela, un corazón capaz de palpitar en el silencio enloquecedor que media entre los latidos del nuestro, mientras corremos por la vida o la vida corre por nosotros hasta acabarnos».

Rosa Montero (1951). Periodista y escritora española

«Dadme a mi Romeo, y cuando muera lleváoslo y dividilo en pequeñas estrellas. El rostro del cielo se tornará tan bello que el mundo entero se enamorará de la noche y dejará de adorar al estridente sol».

William Shakespeare

ANTES DE AMANECER

Despertaba un cielo bosquejado en gris
y un asfalto húmedo que advertía
el vuelo bajo de la niebla nocturna.
Aún las farolas encendidas
y el silencio somnoliento del vecindario.

En mis manos un tazón hirviente de café
y la llama oscilante y perenne en el pecho,
la que ofrece calor en las distancias
cada día más alargadas,
como las tardes cercanas a la primavera,
como el movimiento de las sombras
de los cipreses en mi jardín.

Mientras, el cerebro en su idealismo
echaba de menos todo
lo que podría ser real:
degustar un cuerpo a besos,
compartir el silencio del preámbulo del día
en un abrazo episódico,
sueños conversos en palabras mínimas,
pero exactas,
hermosos vestidos del impulso
voluptuoso que lleva a los orgasmos,
fiesta de mariposas internas
que emergen de las bocas

y vuelan locas por la estancia,
el hecho deseado,
intento,
encuentro,
contacto,
anhelo de amor
para el ayuno.

LLUEVE EN MIS SUEÑOS

Hay un refugio en lo nocturno,
un lugar bajo los párpados cerrados,
en plena desconexión de lo ordinario
y lo correcto sistemático.
Un lugar salvaje natural
que solo los sueños ofrecen.

He trenzado la intención,
la distancia y el silencio
en mi pelo
al compás de la lluvia,
tan extraña en estas tierras.
He sumergido en espuma
de rosas rojas y azahares
esta piel que cubre mi cuerpo
antes de dejarlo descansar
lo que alcanza una noche,
calmado y sosegado,
te espera en lo más profundo
de la fase REM,
donde se crece el paraíso.

No queda opción para el vocablo,
sino alarde de gemido
al que solo le falta un detalle,
una única palabra clave:
¡ven!

LIBERACIÓN

Qué confusa la visión y la percepción.
Qué extraño el hogar y este silencio.
No reconozco mi caverna ni mi rostro.
Qué nueva incandescencia.
Qué aroma foráneo.
Mi perra anda celosa.
Demanda caricias, la mirada directa,
mientras lame mis manos con ternura.

Qué cambio armónico en los átomos
que me conformaban como soldado.
Antes supernova que brillaba y explotaba
en su propia defunción solitaria.
Ahora planeta generador.

Más que desgarros de rock
emano sinfonías progresivas orquestadas.
El sueño significativo de la huida
permanente y perenne a espaldas
de lunas y soles ignorados
ha desaparecido,
ha mudado en una vigilia rebelde,
casi infantil y taquicárdica.

Cuánta luz y cuánta oscuridad
conforman veinticuatro horas,

(ahora las vivo)
de volcar un cuerpo en una cama
y no poder bajar la mente de un ideal,
allí colgada sin descanso ni parada.
Y todo por lo que llamas alquimia
y yo química.

Sea lo que fuere, no reconozco
al ser que ahora contemplo en el espejo,
aunque siento que lo quiero.
He debido esperar cincuenta años
para oírme decir que me amo
y me perdono.
Cincuenta años para liberar
todo ese amor amurallado,
dispuesto a repartirlo,
sin miedo a los rechazos.

UNA CITA

Ha sido solo un encuentro.
Recuerdo mi dedo llevado por el juego
dibujando formas extrañas en tu pecho.
Recorría el contorno de tu cuerpo,
caderas, espalda, cuello,
hasta que una inyección en mis venas
abrió una mano eléctrica
que emanaba, emitía y recibía
calor, descargas, deseos.
Una mano imparable
que generaba un terremoto interno
de grado siete hasta mi aorta.
Bombeos, latidos,
pulsaciones en las sienes
y ganas de arrancarte el cinturón
a bocados.
Conexión la de tus manos en mi cabeza
para aplacar el cataclismo.
Desde el preludio a la sinfonía
de una orquesta cósmica.

Parte de una estrella había caído
en mi sofá
hecha de mi propia materia.

Ahora sé que
cualquier situación que no sean

nuestras bocas ardiendo juntas
duele como una lejanía inmensa,
como estar en este planeta
sin brazos y sin piernas.

ECLIPSE

Después del shock sobreviene la muerte,
unos segundos eternos
besando el universo,
sin saber si llegas o te vas.

Luego resurge la vida de nuevo,
pero la amnesia parcial no reconoce
la rutina ni el orden de acciones,
tan solo latidos y palpitaciones,
y ese momento en que todo se nubló,
perdiste el conocimiento
dentro de un abrazo fundida
en gotas de rocío internas
y una supernova en la entrepierna.

Fue un eclipse de entes
y ahora estás a años luz,
porque la casualidad cuántica es muy puta,
pero te juro por Einstein
que he de encontrarte
más allá de la fase REM
o en algún universo paralelo.

RIGHT NOW

Una gota de vino en tus labios
sería un buen motivo para besarte.
Un Himalaya molecular de rojo líquido
en tan hermoso lugar
explotaría mi adrenalina
sin tiempo, ni espera
en una púrpura escalada.

Me tienes de rodillas ante ti
con el cañón de tu pistola
frío, duro y con sabor a acero
dentro de mi boca.

Ya me has volado la cabeza
hace tiempo.
No lo dudes, dispara.
Voy a tragarme todas tus balas.

Pura y dulce esquizofrenia,
viendo tu imagen junto a la mía
contra la pared.
Aquí y ahora.
Y nos queda el postre
para hablar.

FRECUENCIA

Si por una línea cardíaca
pudieras descifrar mis sentimientos,
te regalo el marco
para el cuadro que te pinto:
una gráfica de montes pirenaicos
coronados por la nieve más blanca y fría,
subidas y bajadas,
y luego el stand-by del sueño,
como un mar en calma
y la negrura de un ilimitado fondo
que prepara un tsunami
para la madrugada.

Cuélgalo en la entrada de casa.

SER

Ser un silbido en la canción
que susurras en la carretera;
una palabra de uno de tus poemas
cuando la rabia te muerde la lengua;
un metro de la distancia
que nos dispersa y nos quema.

Ser la sonrisa perenne que deseas
y el amor que te enciende cuando cesas.
Tu descanso, guerrero,
tu copa en los labios
y el baile de tango arrastrado,
unidos como enredadera.

Ser el blues erótico que te desnuda,
la voz que al oído melodías deja,
el recuerdo, siempre, que contigo llevas
de un vestido de verano
y la piel de primavera.

Ser, en definitiva, la vuelta de la espera,
tu meta, el final de tu camino,
tu corona, tu premio
y tu orgasmo
en comunión con todas las estrellas.

LA BÚSQUEDA

He removido el cielo
con tormentas estalladas en el cuerpo,
lluvias torrenciales en el pelo,
rayos cruzándome el pecho,
y llena de cicatrices
regresé a mi caverna.
No te hallaba.

He excavado la tierra
mordiendo a dentelladas las piedras,
los dedos rotos entre raíces ancestras
abriendo camino al centro del planeta,
y volví, despojo humano,
embarrada a mi cueva.
No te hallaba.

Claudiqué, retraída del mundo,
aceptada la derrota,
sin fe ni espera de ninguna gloria
y en la más salvaje naturaleza
riéndome de mi maltrecha sombra
hallé la mirada más limpia
y de miel una boca
conversando serenas
y brindando con mi copa.

Desde entonces no hay distancias,
ni silencios, ni fronteras
que difuminen esa estampa
que llevo en el alma impresa
para lo que me reste de vida.
Te hallé y la búsqueda concluyó.
Me lo han dicho cielo y tierra,
me lo dice el corazón:
de frente o de espaldas,
vengas o te vayas
en silencio o con palabras
ya sé lo que me faltaba
y conmigo queda.

CONFIANZA

Me hiciste sentir leve
de todo el peso de la vida.
Con aquella ligereza
bailaba para tus ojos,
cantaba en las idas y venidas,
y te amé
entre besos que ardían
como fuego de leña
reflejado en tu mirada,
hermosa, sincera, clara,
que en el recuerdo
quedó clavada.

Toda del revés,
más pura, más salvaje.

Tú sabrás qué magia usaste
con tan pocas palabras
para despojarme de máscaras
y poner el alma en tu boca
con total confianza.

ÁRBOLES

Tener o perder son ramas del mismo árbol
tóxico y de raíces criminales bajo tierra,
arrasan toda vida amable y florida.
El fruto de la posesión es agridulce y venenoso.
No lo plantes en tu jardín,
no habrá espacio para más naturaleza
y se comerá la primavera
con gula y agonía.
Se beberá la sangre
y la savia de su entorno
como un vulgar vampiro hambriento.

Amar es otra especie biológica,
antónima y opuesta,
ocaso aquella,
amanecer esta
de hoja perenne y afable
que ofrece sombra y cobijo,
que subyuga en helados inviernos
y en los infiernos del verano.
Te susurra al compás de brisas lejanas:
«Soy libre en mi aparente inmovilidad,
abrázame si quieres,
si puedes,
te cedo el mismo aire que respiramos,
porque no es nuestro.

Puedes alejarte cuanto desees,
yo seré leal.
Aquí estoy.
Aquí estaré
como un regalo de vida inaprensible.
libre para dar sombra
o recibir lo que exhale la emoción».

CUATRO ELEMENTOS

Algún pirómano del Olimpo
nos encontró en la vereda de un río,
dos cantos rodados, perdidos.
Aún éramos masa y no tierra.
Frotó ambas con paciencia
hasta que saltaron chispas de incendio.
Nos llevó a casa y prendió
algunas de las estancias,
pero aburrido nos abandonó
en aquel hogar ajeno.

Habíamos cambiado de elemento,
entonces éramos fuego
con el recuerdo terroso
de un pasado pétreo.

Aún nos queda la fricción mutua
y quemar el resto,
reposar sobre las ascuas y cenizas
que conforman nuestro más puro elemento,
ansiando una lluvia y un viento.
Porque en eso consiste el amor:
tierra, agua, aire y fuego
de dos cuerpos en uno,
una sola amalgama
y al mismo tiempo.

DIGO EL NOMBRE EXACTO

No mires mucho más allá.
Si digo que te quiero
es porque hace tiempo que la lejanía
es pura ficción amaestrada.

Estamos priorizando necesidades.

Aquí estoy,
donde siempre he estado
regalándote un podio
de primer puesto ganador.
Y sigo,
esperando sobre todo
que la ropa caiga al suelo,
que las bombas caigan lejos,
que nuestras bocas mudas digan
en besos lo que no hablaremos
y que el resto humano se silencie,
que nos sobre el mundo.
Esperando esa unidad indivisible
de un sentimiento abierto en canal
de nuestros cuerpos.
Que la madurez nos eleve en ternura
y que nada nos falte
desde ese momento en adelante,
ni siquiera la valentía de amar.

ENREDADA

Me deshago,
como trompo
girando por los suelos
con el alma en la punta de metal.

Genero viento contra aire,
inútil esfuerzo que debilita el cuerpo
y extenúa la mente.

Son setenta mil pensamientos al día
enlazados como una pesada cadena
que paraliza órganos y huesos,
un parloteo que resuena en los adentros
en la vigilia y en el sueño
sin resolución en la lengua inerte.

Y surges tú sin evitarlo,
una imagen, una oración
donde columpiarse a ratos
como si tus manos me impulsaran
en un vaivén aéreo
hasta besar el barro
cuando concibo lo ilusorio.
Es entonces cuando la cuerda de la verdad
me arroja de nuevo
virando en el pavimento.

AD ASTRA PER ASPERA

Hacia las estrellas mediante el sacrificio
Séneca

Amanece como un astro,
levántate como un sol.
Que nada te haga sombra
o te oculte,
y ciega mis ojos con tu luz,
aviva la estancia en penumbra,
mantén a raya el crepúsculo
que oscurece este jergón.

No te pido que vengas a mi hogar
ni traigas tu fragancia cerca
de mi olfato,
ni roces con tu boca
esta ansiosa boca mía.
Solo que rompas la distancia
con tus rayos como Júpiter,
que mengües la galaxia,
que derritas mis alas
y me esperes con los brazos abiertos
cuando caiga.

DECLARO

Como caracol *fibonaccico*
me guardo en todos los regalos
que te hice y te haré,
si el olvido no te apresa
y sigo siendo savia en tu árbol,
hogar cuando la penumbra
deshaga los contornos de las calles,
animal cuando el gorjeo de los pájaros
anuncien un remanso de lluvia,
loca en la espera, el encuentro
y un pensamiento de mar revuelta
que media amenazando
enormes olas tras las ventanas,
para despojarse de lo inútil
y tornarse agua pura, desnuda
para tus ojos, para tu sed,
toda tuya.

ARDO

Al otro lado del amor armado,
ya sin ira ni voluntad,
blanca no es mi bandera,
sí la piel,
sí la blonda que la cubre,
sí el ansia
de revolver lengua, cuerpo, ojos, manos
en bola de lava que arde,
y otra vez perder
la llave de salida del infierno,
porque a solas con esta nebulosa quística
de la incertidumbre,
que siempre es gris,
te busco en el aire inquieto.

Mil demonios me danzan
al son de la rabia
que impone la distancia.
Y yo inerte en el centro
con un volcán en el pecho
y cargadas de lava venas explosivas.
Inspiro, espiro y latidos.

Rómpeme la falda, despéiname.
Abre mi blusa,
de la cama a la pared,

y cómete este corazón
loco de remate,
adicto a tu piel
como bruja atada a un madero
con hierba seca a mis pies
que espera un fuego.
Préndeme.
Acábame.

EL AMOR VENCERÁ

Nos han robado los abrazos y los besos,
las calles y las orillas de los mares,
nuestros bares, los paseos,
un área social humana
y otra emocional.
Se ha cerrado hasta el cielo.
No llueve, llora a ratos.

Mientras que el silencio humano
nada ha cambiado
y el planeta lo sabe.
Cuando calláis,
trinan pájaros inocentes,
el único sonido que nos salva,
porque es la música de un planeta
conectada con la del universo.

De esta salimos rotos
o rehechos de otra especie,
más duros, más valientes.
Sin embargo, este momento pide
más que agua o alimento,
más que las telas de la vergüenza
o concluyentes del frío,
más que palabras huecas,
la necesidad de cariño,

caricias y contacto.
Pero no me puedes ver.
Ahora los ojos no sirven.
Los sentidos son presa
de una ardiente imaginación.

Hay una nada física
con la indecencia de deprimirnos.

Despójate de los sentidos
antes de ir a la cama,
desnúdate de lo real
y sumérgete en los sueños.
Estaré esperándote
en aquellos más salvajes.
Porque el tiempo apremia
y es primavera,
época de celo carnal
para morder y rasgar
esa nada que nos separa.

Si estamos enteros para entonces,
ni señales de humo,
ni linternas, ni tecnología virtual.
Correré adonde estés
con los brazos abiertos,
libre y salvaje,
sin prejuicios,
orientada con latidos,

a conectar nuestros cuerpos
en una onda sonora y eterna
de gemidos y respiración
indestructible e inseparable,
a coro con la tierra.

BÁILAME UN POEMA

Qué locura esta
de tener clavadas las palabras en la mente
y en el pecho,
y desear gritarlas al mar
o dejarlas en un susurro en tu piel.

Qué locura no poder borrarlas,
ni excavarlas de mi cerebro.
Porque me estallan en la lengua,
en los ojos y las manos.
De momento amordazada,
atada y vendada.
Mientras el organismo
al unísono de latidos
las pronuncian, las cantan, las lloran
como un orfeón, una orquesta,
una sinfonía clavada en los oídos
que podríamos bailar
si nuestros cuerpos
un abrazo danzante fueran.

CÓMO APRESAR EL TIEMPO

Se me van los días,
veloces,
en un apenas de respiración,
en fallas de latidos,
en tareas encadenadas
hasta que el ojo es gravedad
y el cuerpo expira una queja ósea,
a voluntad.

Que no germine.
Que no enraíce.
Que mis cimientos quebrarían
desplomados
al seísmo de tu voz
si me nombrase,
al rayo de tu abrazo,
que electrifica
lo que el armazón esconde
y carboniza
en ascuas la emoción.

Se me van los días
y añoro el tiempo,
y lo que falta.
Y me agoto la paciencia,
y ralentizo el pensamiento

cuando descifro en las noches,
ahítas de cansancio,
una teoría cuántica
de átomos esparcidos
en los sueños,
dibujando elipses imposibles
hasta detener su recorrido
en la indeterminación de tu boca,
mientras voy muriendo en la duda
que me tatúas en cada adiós.

ESPIRAL ÁUREA

Me recojo del sol y la luz
cuando la penumbra deshace
los contornos de las calles
y vuelvo a casa destilando
en los dedos, en la punta de la lengua,
en la dermis, ritmo y palabras.

Soy el poema, la canción
que resbala libidinosa por tu torso,
vino rojo y violetas,
sabor a dulce de leche
y tacto de seda.

A resguardo todo en la espera,
que ya no es lo que era
desde que vencí al tiempo.
Lo que nos queda
es un nudo enorme
semejante a Saturno
ceñido por sus anillos.

ERES MI FLORENCIA

Un aliento de vida me acaricia
en esta eterna distancia
al descubrir tu impulso visceral,
casi infantil,
que provoca un síndrome de Stendhal
en mis locas neuronas.

Ni eras tan serio ni tan triste.
Qué belleza tan enorme,
la que brota de tu mente
serena, constante y combativa;
la que late en la simiente poética
esparcida en líneas,
la de tu lengua vernácula,
cuando hablas y miras a los ojos,
cuando desgranas versos
y disparas a diana emocional.

Sobrevuelo realidades
vestida de querencias y deseos
mientras tanto,
en el más indigente idealismo,
hasta que pueda coger tus manos,
enredarlas en mi cintura
y darle forma verdadera a un abrazo.

GATOS NOCTURNOS

Mi ser más animal,
una gata enloquecida
danzando sin miedo
entre buitres rastreros.

La mirada perdida al interior,
al brote de una inmensa luz,
manantial que humedecía el entorno.

Saltos, ronroneos y posturas libérrimas
en una imaginaria naturaleza pura,
en los adentros y en los afueras,
como espejismos psicodélicos
al compás de la música
vertida a las arterias
y bombeando hasta sus terminales
hacia el yacimiento de miel
de unos ojos protectores.

Me arrastraron, los perseguí,
me identifiqué en su salvaje organismo
y escapamos a saltos felinos.

El olor del rocío reciente en la hierba,
tan intenso,
de una madriguera nos cobijó

para huir del amanecer
y de los humanos.
Escondimos nuestros cuerpos,
a ratos mansos, a ratos ariscos.
Y allí la dulzura se desbordó
enlazando brazos, lengua, piernas, dedos
y manos suaves con las garras escondidas.

Sin tiempo,
sin futuro,
en la más feroz lucha de amor
de un armónico presente atómico
hasta que la mudanza humana
nos alejó a tierras extrañas,
a polos opuestos.

CORTOMETRAJE

Te veo a ráfagas,
como a flashes me llegan las estrofas
de Thunders o de Ramones,
y me siento columna de viento
que dispersa como humo
tu sonrisa de gozo,
fotograma en mis ojos.

Resistir tu impulso,
el beso sin tiempo,
es lo que me queda.

Una anatomía quebrada.
Una duda sin alimento.
Una negación ciega.

Sobrevivir a la querencia
más absoluta de entrega,
porque nuestros capítulos están contados
y no quiero saber de finales.

DESDE EL AYER AL MAÑANA

De la única forma que pude ir hacia ti
fue desnuda de todo:
de cadenas, de ira,
de tristeza, de venganza
y llena de sonrisas,
miradas limpias que hablan,
flores en el vestido
y en las manos una brújula
que señalaba tu norte.

Mientras tu palabra
me ilumine y me eleve,
sea de pura ley
y sostenga un latido,
no hay lugar fuera
mejor que este hogar,
donde has dejado
nidos de amor
en todos los rincones.

Y si tú no estás,
no hay brillo.
Mate es la palabra
y los sueños mates.

Sé del profundo lugar
donde guardamos la fuerza,

la paciencia necesaria
en tiempos de espera
para desgarrar la distancia,
el día que tenga que llegar
con mis uñas en tu espalda.

Esperanza me viste
y conduce mis pasos.
Colgando de ella
como títere que danza
todos los sentimientos,
los deseos de coger tu mano
y hacer real la palabra,
lo único que ahora nos une,
o callarla, pues será momento
de desnudar cada vocablo
y poner una rosa
entre ambas calaveras
abrazadas en un beso
infinito y eterno
que tanto merecemos.

ILUMINA

Píntame el camino.
Haz un mapa del recorrido
para no perderme en tanta luz,
que no veo momento
ni motivo
y respirar aire seco
asfixia.

Mándame una lluvia
que anule las señales de humo
que difuminan el sendero
y reverdezca hierba fresca
bajo los pies desnudos.

Dibuja los fonemas exactos
que el ojo advierta
y no ignore,
para procesarlos con ternura
en la cara oculta
y cesen los temblores,
y callen las percusiones cordiales,
así el silencio sea la antesala
de la necesidad de palabras.

Porque en las noches
resuenan batallas de dudas,

muertas las certezas,
la mente no calla
ni este cuerpo árido
encuentra calor
bajo las sábanas
ni lugar en la galaxia.

MENTAL

Ayer no, hoy sí,
¿mañana qué?

No se pueden ver los pensamientos,
y la percepción es un juguete artesano,
un artificio para sosegarse,
una excusa.

Ver e imaginar comparten el mismo hogar.
Así que permíteme la ilusión
al recrear ideas
e ilusiónate, si quieres,
cuando sea real lo que piensas
o cuando sea ficción lo que sientas.
En ambos casos el hipotálamo tintineará
al son de la emoción debida,
sea rabia o ira,
sea tristeza o alegría.

No quisiera, no, que bajaras de mi nube,
pues hagas lo que hagas
me encontrarás en ella suspendida.
Quiero decir que se puede hacer el amor
en la proximidad cero
o perdidos sin hallarnos en el universo.
Todo es mental.

IMPRONTA DE UN DIÁLOGO

El atardecer decora una revolución
en el intercambio de alientos,
una mutación temporal
que afecta al gesto,
más sereno, más contemplativo.
Un traslado molecular
en los mismos objetos de antes,
donde el espacio varía
más pegado a la piel,
más abierto a la voz.

Con la debida distancia
ya no se magnifica el beso,
sí las miradas fijas,
valientes, directas
hacia el centro significativo
de los vocablos y las ideas,
en consonancia,
la única que permito,
de seres difuminados
en energías amables.

NO HAY AMOR EN EL CORAZÓN DE LA CIUDAD

El deseo es real y la querencia quema.
Razones físicas, químicas,
no epistemológicas.

Es cierto,
no hay amor
en el corazón de la ciudad.

Búscalo más adentro,
en la simiente de la idea,
del acto y del gesto,
cuando grito tu nombre
en pleno orgasmo,
cuando silencias el placer
y los latidos redoblan
a campanas de amanecer,
cuando la muerte huye
por la sonora cadencia de las risas
y por el brillo
que arde en las miradas esquivas.

Búscalo dentro
más allá del dolor
que producen los contaminados recuerdos,

donde empiezan las cascadas
de paz líquida
que fluyen en el saber
de nuestros propios centros.
Ese es el hogar y paraíso
de medidas exactas
donde proteger
la simiente de la vida.

NOMBRARTE

El viento clama tu nombre,
es por eso el receso de la lluvia,
para que suene allá donde estés
el timbre hambriento de mi voz
de forma nítida,
la llamada sentida,
la de la falta de oxígeno que dan los besos,
la de la necesidad de que cubras
el desnudo que tiembla,
el miedo al espacio
y esta descarnada soledad.

Hace tanto que no sentía
la belleza de una mirada
ni el escalofrío de una voz
que dudo de la realidad,
aunque me pellizquen el corazón
y advierta la sombra dual
que deja nuestro abrazo.

LA SOGA ARDIENTE QUE AGARRAS ES SOLO UN DESEO

Un día de vida,
la expansión de la primera toma de aire.
Infinitas ansiedades
y la enésima taquicardia.
La ventana de par en par
al horizonte sin mar.
La lágrima que riega una carcajada.
Ese beso que no quiere que hable el adiós.
La serpiente que se despoja de su piel
a pesar del frío y la humedad
allá donde el amor la desnude
y luego repta arrasada
hacia un gramaje que la oculte.
El camaleón que se amolda
acercándose a los colores del sur
y no se reconoce en traje nuevo.
Mi vino y tu licor.
La voz cansada tras las verdades
narradas nerviosas y surgidas
del miedo al silencio
por si fallece el sentimiento,
por si ya no nos reconocemos,
por la posible desconexión.
Soy todo eso y la mano extendida,

eterna,
que espera, al abrir mi puerta,
la tuya que asegure con fuerza
una próxima vez.

REENCUENTRO

A veces creo
no poder soportar la distancia:
una simple carretera
colmada de curvas,
como nuestras vidas,
asfalto y kilómetros
con paisajes ingeniados,
vagamente recordados,
anulados por las horas
no disponibles.

Pronto es la medida de la luz,
el tiempo sempiterno necesario
para alimentar la imagen borrosa
que queda desde aquella última vez,
para restaurar los colores y las formas
de lo que importa en la vida:
el tacto cuando la piel
transmite la convulsión y el latido
desprendidos de prejuicios,
razones y cábalas mentales;
la cascada en el pecho
que resbala como miel gravitatoria
hacia la punzada sexual
y su eco;
el suspiro y el quejido

como aniquilación del vocablo
con un significado galáctico.

La espera es un infierno
con un túnel de escapada
excavado de prontos.

NO TARDARÁ

Sé de ciclones y tormentas.
Sé de huracanes
y lluvias tropicales.
Ninguno de ellos tiene el valor
de apagar este fuego
que incinera mi interior.

Tengo los ojos perdidos
de mirar al horizonte,
de buscar el otoño y su aire,
presagios del frío
que necesito
para congelar las imágenes
que ahora me arden.

Ser adicta no es un hobby,
es una pasión, son cadenas
cuyo arrastre suenan al compás
del bombeo de tu sangre.
Soy adicta a ti y al frío,
y soy feliz de vivir en un blues.
Solo exijo un entorno acorde.
Sé que no tardarán los días grises
y el oleaje de levante.
No tardarán las aceras mojadas,
el asfalto dibujado de charcos.

El olor de la humedad
y la quietud del bosque,
para respirar agua
y notar cómo penetra
en esta sequedad y ausencia
de abrazos regados de pasión
que tanto necesita un desierto.

Dejarán de ser terrosos los besos
hasta resbalar como yacimiento
por esa boca de caramelo,
agua dulce
sobre piel rociada de gotas.

No tardará tu miel de invierno
y la veré resbalar por mi cuerpo.

PUNTOS CARDINALES

Si las distancias se instalan en el pecho
como nubes rociadas de dióxido de plomo,
se evaporan cuando surge el círculo universal,
el generador de luz
que ilumina desde el tórax
un camino de imaginación
con los sentidos secuestrados,
orientados a una sola misión,
la desproporción del deseo,
diseminado y extendido
a los cuatro puntos cardinales:
norte, sur, este y oeste
en la superficie corporal
y craneal
con el don de la ubiquidad
de nuestros ritmos cardíacos.

La más pura locura de impotencia
cuando adelantar un pie
no significa caminar hacia lo anhelado,
porque de alguna forma
está tan dentro de ti
que entiendes cómo
dos suman uno
manando un volcánico amor.

PACTO DE CO-RAZÓN

Ahora que para el nosotros
todo se templó.

Ahora que el estado cardíaco de una llamada
se volvió confort de voces,
calidez cercana.

Ahora que el celo poliédrico
quedó relegado
a un abrazo al tiempo,
largo e intenso,
reconciliados,
como un desafío a la muerte
de unos niños que ignoran el reloj.

Ahora que los besos son respeto,
que la ayuda nos crece,
que la miradas se mantienen,
que no duele la distancia
porque sabemos de átomos.

Ahora dejaré la esperanza
en las corrientes de aire,
dispersa.

Ahora que el mañana no importa
podré amarte

sin que un estado animal
me lo confirme
ni me altere.

TÚ PONES EL ESTILO Y YO PONGO EL AMOR

A mí qué me importa el estilo del canto.
A mí, cuya piel es arena con el saludo
a secas,
con el silencio oculto de tu voz,
playa nocturna de área fría y húmeda,
y de interno calor.

Tu voz surge intacta,
con el matiz exacto,
dulce, profunda, nasal, sugerente,
en las fases más subconscientes de mis sueños
y con ella mi gesto desaparece
en una parálisis eterna
de carne e ideas.

Ya eras jazz cuando te oí,
eras Adán
y yo Eva
al compás retorcido,
como un cable de teléfono,
de un erótico saxo
con orejas de lobo
y una luna prendida
a las cuerdas de un piano.

Eras soul escondido
en la curva de una acústica
en un verano atardecido
naranja y azul,
huyendo por el ventanal abierto
hacia el universo.
Porque de ahí procede
y ahí regresa.

No me veías en aquel momento,
pero yo robaba moléculas al aire
sellándolas eternas a mi oído
para reservar parte de tu canto
cuando te hubieras ido.

No hay visión necesaria,
ni audición que te busque.
Sé cómo vibran tus cuerdas.

Cuando abro mi caja
acorazada de recuerdos,
el corazón arde.

SI VINIERAS

¿Querrías dar con tus huesos en mi cama
y espantar sin palabras en tu boca
estos fantasmas que la pueblan en pijama?

¿Dibujar en abrazos desnudos de espacio
siluetas imposibles en las sábanas?

¿Dejarías que la ventana abierta
fuera aire polar de tierra nocturno
y enfriase la piel que arde, magma súbito?

¿Darías luz de erotismo
a esta negrura límbica, perdida y despiadada?

¿Me arrancarías el corazón
díscolo, salvaje y rebelde,
y en su hueco un remolino de rosas plantaras?

¿Vendrías cuando el sol ya no es de nadie
y lo trajeras secuestrado en tu mirada?

Cuánta duda, cuánto olvido,
de merecer la sorpresa
de ser amada.

INDEFENSA

Tiempo como puñales
silbando a milímetros de la piel
y la querencia con la soga al cuello
que ahoga el grito.
Bucear en lo sónico
para no oír una mente loca,
estancada en un pensamiento,
huracanado, vertiginoso,
flirtear con el suspiro profundo
del deseo.

Espacio inmenso,
infinito, ilimitado,
a carcajadas mirando mi pequeñez
y la lágrima que se diluye en el mar
como si nada.

Niña-pataleta, niña a solas,
a solas infancia e inocencia
embarradas de ausencias.

Nada parece que suceda,
pero un cataclismo me arrasa
si tu voz aparece
y derrumba mi casa
a cañonazos

de balas hechas con tonos suaves
y una aleación de besos.

SENDA NUEVA

Escribir con este fuego en la frente
es complicado.
He de rescatar las ideas carbonizadas
quemando mis dedos
y averiguar de los restos ennegrecidos
el discurso que llevaba días en tornado.

La calle me es extraña,
desconozco a quienes estuvieron
a mi lado varias décadas.
Y ya sé qué significa esto.

Lo duro es elegir un nuevo camino.
No somos adivinos
y el futuro tiene esa manía de mutarse
que hace que bailes en la cuerda floja
antes de pisar tierra firme
con la dirección adecuada,
que siempre es una duda,
un pie al aire, no de danza,
sino de pura incertidumbre.

Supongo que esto es quererse,
ponerse a prueba de nuevo
desde la más absoluta pérdida
y gastar más tiempo,

que ya escasea,
para encontrarse de bruces
con los motivos por los que
este corazón bombea amor
a todo volumen.

SENSACIONES

Siento en cada poro el cambio.
Soy yema a punto de florecer.
Tengo luna,
tengo tierra mojada a mis pies,
una lluvia interminable
empapando los naranjos
y noche de azahares en el olfato.

Tengo una primavera en la piel
y en los latidos del corazón.
Tengo mariposas que rozan
mi lengua con sus alas
y escriben en su vuelo
tu nombre dentro de mi boca
como una llamada arcaica
a tus besos.

Invocan, ruegan a las tuyas
abrir cada botón del vestido
y dejarlo caer
hasta la desnudez,
mientras juegan alrededor
de este cuerpo anhelante
de la caricia de tus manos.

EL ANDAR DE UNA SEMANA

I
Esperé con paciencia
a que el viernes tornara en sábado
y este muriese en domingo.
Esperé a que el domingo
mutara en lunes.
Y pasaron todas las estaciones
por mis venas,
tormentas de viento y agua,
sudor y calor del sol,
frío y desamor,
levante y poniente,
el grito y el silencio.

Pero he sido buena.
Me senté callada y esperé
sin quejas,
con los ojos abiertos.

II
Se disipó la niebla.
La luz deja perfiles definidos
en el paisaje,
esculpe palabras
en lingotes de oro.
Hoy es lunes.

Tras un intento, tres, cien,
sigo viva.

La vida vuela
y persigue cometas fantasmas.
La vida vuelve
en un adentrarse estacional en primavera,
con un agua, alimento de la naturaleza,
que estalla en embriones
florecidos en mis ojeras.

III
Yo, loba esteparia, te saludo.
Bienvenido, silencio.
Bienvenida, letra.

Volvemos a desearnos
y a morir abrazados
lo que queda de semana.
Pues lo que llaman vida es mi error,
una mentira desencajada,
una melodía átona.
Vida es su voz en la lejanía,
su mirada en el punto cero
y lo que media.
Lo que voy a soñarle
cuando caiga en desplome,
nocturna y desgastada.
Y su nombre silenciado

en un grito desgarrado
de mis cuerdas,
de infinito aullido heridas.

Le lleve el viento al extremo,
yo le siento.
Aguardo el regalo de su voz
en un saludo que será como nuevo,
como fue el primero,
intenso, deseado,
como un pequeño mordisco en el corazón
con tornados en los sueños.
Serena o puro nervio,
según la matemática venenosa del tiempo,
espero su regreso,
Me lo dice este canto con eco,
escondido y eterno
que significa un poema,
germen de contacto
mientras una mente empatice
y la otra ceda.

Intraverso

*«¿Por qué, si el amor es lo contrario a la guerra,
es una guerra en sí?».*
Benito Pérez-Galdós

*«Por eso juzgo y discierno, por cosa cierta y notoria, que tiene el amor
su gloria a las puertas del infierno».*
Miguel de Cervantes

ANIMAL

Yo no sé de intensidades ni límites.
Soy un animal domesticado
que guarda su lado salvaje
y lo suelta como último recurso
de supervivencia.

No envidio, no sospecho,
no traiciono y no abandono.

Amo como la leona de una manada
que defiende y cuida hasta morir,
si fuera preciso.

Poca parte humana me queda
a estas alturas de la vida,
porque me supone un corsé
tan ajustado que duele todo,
un bozal para que no ladre,
unas cadenas para no correr
libre.

Y en libertad amo de manera profunda
con todos mis órganos, mi esqueleto
y mi piel.
Que no te cubra un miedo
como manta protectora,

82

porque mansa soy
y dulce de miel si amo
a quien de mi tribu es.

CALMA ETERNA

Tangos, milongas y ese perfume de hombre.
La palabra adecuada, pero no en su tiempo.
Un perfecto mago del ocultismo,
un maestro en captar la curiosidad,
que guarda las formas a la antigua.
El halago de cualquier oído de mujer
y luego la espera,
un silencio como libro abierto,
larga como árbol centenario,
dolorosa como herida sin sedación,
ilógica, demencial, maligna.
Cuerpo a cuerpo la danza
que imanta y aleja.

Penélope es una imbécil a mi lado.
Yo sé de esperas y de muerte.
Yo soy la enciclopedia de la paciencia,
la amiga de la que porta la guadaña
y que un día ensordeció y cegó sus ojos
para no sentir más dolor.

Los árboles que quedan no permiten
hojas en blanco.
Son hojas muertas, secas,
sin versos nacientes.

Si hay una historia que contar
que sea con su contraportada
y un revuelo de almas.
Si no hubo nada,
este poema sobra,
a la poeta le han cortado
manos y lengua.

CURVAS DEL ESPACIO-TIEMPO

Todo se retuerce, se enrosca,
medias vueltas en caminos rectos
y la voluntad que empuja a contraviento.

Vivir tiene el perfil de una caracola,
una girándula de fuegos artificiales,
un girasol psicótico y lunático,
las agujas de un reloj opuestas
sin tictac ni compás, ni horas.

El deseo y la hacienda
en redondo vuelan.
El amor y la ausencia,
balas de ruleta rusa,
aprietan la sien.
El hambre y el vómito
en la semilla que la tierra encierra.
El poder y la querencia se arquean
cuando busco líneas rectas.

El universo se revuelve dentro
y como su sistema es lo curvo,
aún me queda vértigo
para lograr pequeñas metas,

como reconocer el arco de tu boca
cuando vengas.

ESCONDO TU NOMBRE

He batallado tantos días
durante esta vida
tejiendo rosarios en las noches,
aquellas en que Venus
brilla junto a la luna,
como la de ahora,
marchitando la mirada
al cielo
en un prolongado rezo
contra una réplica de rechazo
que, cual rayo de Marte,
me tumbaba,
pluma a merced del viento
mecida,
con la sonrisa boba de la esperanza
y omitiendo una tristeza eterna
y un dolor perenne
que, arraigados, penetraban
por las extremidades
desde el cerebro
hasta la palabra.

Un camino de abandono
al que aquellos que han mojado
de llanto una cuerda
entenderían su trazo.

Y dando patadas por las sendas
donde vigilan los que hacen
del fingir un arte,
te encontré brillante
y poderoso mineral
cuyo centro te alberga.

Me aferro a ti como al aire
y lo he puesto junto al corazón,
en el más veraz silencio
de un secreto lapidario,
hasta que quieras salir
e iluminarme.

LO INMÓVIL ENVUELVE UN CATACLISMO

Entre esta gravedad musculosa y entrenada
y este cerebro obstinado y obcecado
me voy a partir en dos,
como los magos hacen de una chica en una caja
con un sable y un corte rápido,
rodando sobre ruedas ambas partes:
una cara sonriente a un lado del escenario
y unos pies que se mueven al otro.

Me rompa o me mantenga,
nada me sirve.
Me aplastan las palabras y sin ellas muero.
Me asfixia la distancia y mis manos no alcanzan,
asumiendo lo cercano como imposible.

Es el quiero y no puedo.
De no poder se amoratan los ojos.
De querer se agrietan los labios,
siempre solos y en silencio
oyendo baladas de amor
sin voz para cantarlas
y la letra repetida en el pensamiento
al límite de la locura.

NO TE ENAMORES

No te enamores de un poeta.
La resistencia será fuerza inútil.
Fluirás en los sueños
donde se hará posible
lo que niegas incluso con la mirada.
Vivirás un beso imaginado
desde bocas que viven
en estancias de planetas lejanos.

No te enamores de un poeta.
Te vestirá de oraciones,
textos de palabras negras sobre blanco,
textos de arcoíris en los significados.
Acabarás sorda y ciega al mundo,
confundida y expectante,
creyendo que la vida es un abecedario
con sonidos pulsados y esparcidos en el aire
como teclas volantes de un piano.

No te enamores de un poeta.
Puede que tus neuras se reflejen en las suyas
y os recubra el calor de la locura,
porque si te ofrece una mano,
habrás saltado de lo ordinario,
tanto cuesta el equilibrio,
a los lagos profundos emocionales

de la fusión de dos mentes líricas
y morirás nadando
en amorosas y ardientes sinapsis líquidas
alojadas en el epicentro de la idea
sin querer nada de lo humano,
salvo el abrazo de sus letras.

PÁRATE

Esa señal de stop
con cada fonema como un puñal
hendido cuatro veces.
Roja la sangre que salpica
sobre la intención blanca
de seguir camino.

Y no es no,
ya lo sabes.

Maldita reincidencia la mía.
¿En qué estaría yo pensando cuando…?
Rota la cara a golpes,
polvorientos los zapatos
y esta inocencia crédula
que va a acabar conmigo.
Aun así, sigo
como si mil caballos de vapor
tirasen de mí hacia el suicidio,
solo por un abrazo.

SACRIFICIO

Envío cartas de amor
desde esta distancia
a cada suspiro del encierro.

No soy adivina.
Si no hay palabra de vuelta,
si no hay voz que endulce
los oídos extrañados
por tanto silencio.

No soy de piedra.
Mi fe tiembla,
mis manos y mis piernas
polvo son y al viento vuelan,
mis latidos aumentan,
mi cerebro se bloquea,
tengo náuseas de mí misma
y en vez de sueños, pesadillas.

¿Tan difícil es una respuesta
que asiente el amor
en esta sangre revuelta?
¿No sabes que cuando el grito
lo genera el dolor,
una mujer es tierra volcánica
vestida de lava ardiente?

Solo entonces no te acerques,
a menos que seas el sacrificio
para que los dioses atómicos
sean regalados y se calmen.

TATUAJE BAJO LA PIEL

Voy a perder la cordura
que mantengo como un hilo
de araña, antes red de salvación,
en esta espera ya madura
donde se revuelve lo salvaje
que en la juventud me sacudía
y lo inmovilizo con cadenas.

Pierdo la cordura con el tiempo,
del que he olvidado su noción
sin importarme la lluvia,
los relámpagos, las tormentas
o cuando amanece el sol.

La pierdo en el más puro silencio,
con máscara de normalidad
y paso firme y puntual.

Hazme una autopsia
y te sorprenderá el resultado.
Estás en todos mis órganos,
ocupando todas las áreas
de este cerebro loco,
metastatizado.
Y sin embargo, no estás.
No hay un roce de piel

ni atardecer compartido.
No hay un exterior real.
Todo vive, arde, explota
dentro,
como bombas de tierra
olvidadas hasta que un pie
se pose en ellas.

Llámame locura
hasta que tu beso
me salve de perderme
en este amor encarcelado.

TRAICIÓN

Hago conmigo lo que no haría con nadie,
me traiciono a diario
en ese diálogo interno
de lucha, combate a muerte
entre un corazón desgreñado
y una mente aleccionada.
Dije no tantas veces
y en todas ellas surge el pozo,
la hondonada seca con eco
con la indisposición a reconocer
la respuesta lanzada.

A palabras necias, oídos sordos.

Renace ese vacío que enerva,
que enfría y hiela toda la piel,
que deja pálida mi cara
y que grita en el interior
con relinchos de guitarra:
«no más soledad»,
con rocío de lágrimas
en cualquier lugar.

El amor no tiene vergüenza,
le importa un carajo qué dirán
y es un Hércules frente a mi cansancio.

He dicho «no» tantas veces
que ya no me lo creo
y, vencida, he abierto la jaula
a los sentimientos.
Que hagan lo que quieran
y si vuelan hacia ti,
deja que hagan nido
en algún rincón de tu cuarto.

UN SÁBADO MÁS

Sentada en la barra del bar,
miro la hilera de botellas desordenadas
y el espejo trasero que las duplica.
Me doblo en él.
Una mujer difuminada en el humo
de un cigarrillo,
musitando una canción:
Cherry red.
Una mano que sujeta
el penúltimo chupito de *whisky,*
como el lago de Narciso,
a punto de ahogarse en él.
Un icono de película:
la rubia desolada y deseada.

Solo cuando el fondo del vaso
me habla con tu voz,
pido la cuenta
y sin decir adiós
arranco el coche
para encontrarte
donde comienzan los sueños
con los ojos abiertos,
un techo de estrellas
y un imposible en el pecho.

KARMA

Qué milla verde este pasillo,
qué encierro con cadenas,
cuánto corazón perdido
a cuajos por las esquinas,
cuán largo el tiempo en la ausencia,
sin contacto alguno,
solo porque no puedo
confundirme en la marea.

Pasó la estrella
y nada tocó las manos
que rogaban calor
asomadas entre barrotes.
Las respuestas huían,
se evaporaban con el frío
y todo se congeló
en una mueca de llamada
sin sonido. Silencio.

Dicen que ha nacido un niño
y no me conmueve ese brote.
De todo este invento navideño
rescato el amor,
a secas, sin guirnaldas
ni árboles de ficción,
ni luces ni fiestas.

Amor que tanto me faltas
te aguardo hasta
que el ser de mi calavera
ceniza en una urna sea.

CAMBIO CLIMÁTICO

Esta impuesta primavera
que florece en el debido hibernado
deja flores en mi puerta,
a destiempo, y las desecho,
porque tienen frío mis arterias,
porque yo soy el invierno.

Cuando nada parece moverse,
una revolución del ánimo desata tormentas
ante la ceguera del planeta
y un tú
que no percibe
el silencio eléctrico del rayo.

No busco musas en el aire,
sino donde subyacen los blues
o en la psicodelia de un stoner,
píldoras para una imaginación clínica
que emborrona papeles
con unos ojos gastados
de mirada bidireccional:
hacia las páginas de un libro,
hacia los entresijos de una cabeza.

Duermo en un eterno estado
de cascadas lacrimógenas

que observa con ternura,
con ojos de perro,
que ama sin condiciones,
mientras los polos se derriten
y tímidos terremotos agitan la costa.

Despierto sin recordar mis sueños,
desayuno sensaciones,
como la de haber salido de un sarcófago
con las vendas que cuelgan
buscando corazones
entre una taza de té,
un ataque de alergia
y una sonrisa que compré de oferta.

COINCIDENCIAS

La media luna tenía un bocado
en la parte inferior
como medio queso mordido,
una mínima intención de eclipse,
anoche.

Amarilla y cansada,
posada sobre el monte
esperaba mi vuelta a casa.
El frenazo anudó la parálisis
con el dolor en mi pecho.
Boba la mirada.
Incrédula coincidencia.

Hubiese trepado ese monte
para dormir sobre su pasto,
a los pies de ella,
y llorar juntas las mordidas
cuando la vida hiere.

CANTO A UNA LUNA PERDIDA

Me erizaba, me enervaba
esa luna creciente amarilla,
esbelta y tallada en oro
cuando asomaba tras el monte
cada cierto tiempo, como una sorpresa,
un regalo de inyección de vida.
Hasta hoy.

Siempre sabes
cuándo van a abandonarte
sin que medie palabra o hecho.
Y no hay loba sin luna.
Debería anotar esta noche
como garante de lo presupuesto
desde hace meses.
No habrá una mano que me sujete
lo que queda de camino.
Me he quebrado las cuerdas vocales
entre lágrimas y aullidos
en la oscuridad sentada
arañando soledades.

FLORES DE MAYO

Hoy es un domingo de luz donde
un surtido de palabras escogidas
el viento arremolina
en torno a mi cabeza,
desde la nuca a la frente
y vuelta y vuelta.

Tú y tus palabras justas,
maravillosas o cortantes
giran con propósito de locura.
Son pocas, pero exactas
para hacerme caer de puro vértigo,
de neta duda, de ojos ciegos
en desplome al suelo
buscando el hueco al infierno
o los once metros bajo tierra,
porque después de media vida
sin poderme desvestir
de perdedora en el amor,
sé que no ganaré esta batalla
(tampoco en el juego arribo).

Así que entre giro y giro
trenzo una cruz de flores de mayo
y espero saber pronto
si ponerlas en mi pelo
o clavarla en la tierra que me cubra.

LA BODA

Bailo en esta fiesta despoblada de cuerpos
al son de la vibración universal,
al compás del latido fértil
que abona los órganos internos.

No hay necesidad de sombras móviles humanas,
ni de palabras que ensucien el sonido del cosmos,
ni que alteren una paz mental
cimentada desde los años de turbulencias.

Sola en la salud y en la enfermedad,
en la riqueza y en la pobreza,
en la alegría y en la tristeza,
hasta que la muerte
transforme mi energía
en una danza de átomos
que siempre soñaron con otras dimensiones,
libres de las rejas del pensamiento,
de la violencia de mis congéneres,
donde no es preceptivo vestido blanco y tul,
porque ya me viste un aura
alba y proyectada al exterior,
saturada de bondad
sin la necesidad de un esposo.

DEMENTE

Tonta de remate,
ciega hasta la demencia,
buena desde la imagen
aguada y nebulosa de las lágrimas
que se desploman sobre la sonrisa
por prescripción médica.
(Hay que teatralizar el dolor,
esconderlo, sobrepintarlo).
Tonta, mema, boba, necia,
a años luz
desde donde todos me nombran
y muda de fonética silenciada
mas no de grafías,
aquellas que te perfilan
en un mundo construido de deseos
sin pies,
deseos colgantes
que adornan como farolillos de feria
estas sinapsis desequilibradas.

Tan lejos del disfraz de aventurera
que busca tesoros
y no duda de su presencia
en cualquier rincón oculto.

Hay tanta tristeza
en querer y no tener fe,

en subsistir y no vivir,
en pensarte tanto tiempo
y que seas un amor imaginado.

Hay tanta tristeza
cuando abrazas un poema
y no un cuerpo,
en huir de lo real
porque duele,
que ser poeta se convierte
en la estampa de una payasa
bajo la lona de un circo
de la que nadie se ríe
y a la que tampoco creen.

UNA PATADA EN LA CABEZA

Hay épocas, edades,
incluso todo un tiempo
en que una patada en la cabeza
se torna recurrencia, hábito,
dolor bajo el umbral,
sombrero de ala ancha
bajo luz de luna,
bajo rayos solares,
aunque te escondas bajo la almohada,
esta será otro casco que amortigüe
ataques y desconsuelos.

Hilos de fluidos sangrantes
corren en ambas direcciones.
La eterna fisura que no cierra,
que anega las ideas internas
y enturbia toda prenda que te cubra
mientras contamina los sueños.

No más palabras violentas.
No más suposición hiperbólica.
Porque no hay un más allá que la muerte
y después de unas lágrimas,
el olvido.
Prefiero la verdad, aunque suene a puñalada,
la palabra que parece una caricia

porque luz es impulso y la mentira es oscura.
Es mejor negar a tiempo
y salvar una vida
con vendas en la herida
que otro alguien corone con un arcoíris
de flores primaverales
y te refugie en un abrazo
cordial y sincero.
Palabra real como diadema de flores en mi pelo
y que el viento lo mueva,
eso quiero,
no unas falsas manos
junto a un cuerpo que huye callado.

Quiero decir que existe la libertad,
y las opciones de actitud
te hacen más humano.

PREFIERO AÑORAR

Socializa, me dicen,
y me suena a suicídate,
cuando buscar hace tiempo
se redujo a palabra
en soledad paradigmática.

Lo social huele
a despojos y podredumbre.

Volver es una hermosa salvación.
Volver y meterle fuego
a todo cartel positivo,
a todo libro de autoayuda.
Volver y respirar el aroma del hogar,
que es todo tuyo,
creado con un amor unidireccional,
rociado como spray ambientador
por toda la casa.
Sentir la emoción dormida
y la protección del silencio.
Volver y quedarse de nuevo
hasta que te arranquen sin querer.

Y nada ni nadie justifica la ida,
aunque añores presencias
que, huidizas unas,

casi imposibles otras,
fluctúen en la memoria.

RETIRO FORZADO

¡Qué revuelo de pensamientos
monta el viento dentro
y obstruye lo auditivo!
Hay más silencio en el exterior,
una callada sobrehumana
y relajante,
si no fuera por este ruido
que bloquea y no determina
diálogo con sentido
entre la nuca y la frente.

He sabido de la primavera
por las margaritas y las rosas.
Pronto ha pasado el invierno
apenas sentido, casi sin vida.

Es triste que las estaciones
te marquen el rumbo y el camino.
La naturaleza deíctica y maestra.

Una es títere que danza
a su orden y mando,
sin abrazos ni toque humano.
Vetos en todos los puntos cardinales.
No ames, no hables,
no sueñes y sigue

la incertidumbre que producen
las malditas prohibiciones
y los cortes de alas.

SILENCIOS

Se agradece el silencio,
la posterior callada,
la boca cerrada a cal y canto,
el sonido muerto.
Porque significa, dice,
informa, aclara.
Te habla de distancias,
de importancias,
de relevancias,
prioridades y presencias.
Por eso me gustas cuando callas.
Y no por tu ausencia,
sino por tu respuesta.

El silencio es un infinito no.
Está claro.
Es una puerta abierta
y una invitación a que salgas,
amable y quieta.
Suerte que aprendí a sonreír
con las despedidas
cuando supe que tras ellas
las calles eran mías.

AMBIVALENCIAS

Vengo del mar
vestida de espuma,
aunque duermo,
desnuda hierba,
a los pies de la sierra
verde y escarpada.
Madurez en agua dulce
tras una infancia salada.
Un nudo marinero
rodeando la montaña.

Soy felina que ladra.
El desastre
por la eterna búsqueda
de lo que calla el habla.

Qué quieres que le haga.
Soy adicta a las baladas,
a un estado somnoliento,
a lo inmóvil del cuerpo,
al silencio de mi lengua
y tsumanis de palabras
guardadas,
a la milagrosa conversión
del estruendo en melodía.
La nota discordante

buscando el infinito
en poemas reglados sin rima.

Un grito si me atas.
La poesía que ama,
pero rima con rabia.
La asonancia del impulso
que tanto mata.

LOBAS DE CIUDAD

Una loser que se precie
sabe de antemano
que la apuesta será un fracaso.

Ganar no es el objetivo,
pero sabe poner llamas en el paraíso,
y con eso basta.
Otras no pasan de encender un cigarrillo.

La calle se ensancha
mientras las farolas crean tu sombra
y lo hacen para ti.
Un paso, otro
y una canción entre dientes.

No estás sola,
te rodea una legión de estrellas
muertas y explosivas,
que son el salvoconducto
del movimiento nocturno.

Tus pupilas dilatadas
silencian cualquier mirada,
a un segundo del aullido lunar
y del salto en defensa.

Nos faltan montañas,
nos sobra cemento
y tanto miedo de machos.

VIRTUALIDAD

Trazas de tragicomedia y drama
sombrean el significado
de unos besos virtuales,
pues abisman interrogativos,
mutilados, misántropos.
Simbolizados por expectativas,
juegos mentales, ilusiones,
máscaras en definitiva
decoradas por complejos deseos
fuera de toda lingüística
y muy lejos del razonamiento
más objetivo.

Los besos virtuales no viven en los diccionarios,
sino en un imaginario a media evolución
de significantes cojos y ciegos.
Y aun así, despliegan un manantial
de latidos líquidos
desde las profundidades
vertidos a la sangre,
al brillo de los ojos
y a la mueca de una sonrisa
en el escenario
de un antiguo teatro griego
con catarsis incluida
en su campo semántico.

VIAJE ASTRAL

Demasiado tiempo viajando
en este agujero de gusano
sin ver luz al final.
Voy a dormir en la próxima curva
si los asteroides me lo permiten.

Qué negro es el universo
y qué aleatoria la muerte aquí.
Algún día me estallará una supernova
o me arrasará un meteorito.

No sé por qué vine a esconderme
a este lugar tan inhóspito
si hay un impulso adrenalínico
en mis piernas inquietas
que exigen un arranque, un disparo
que permita la trayectoria
y el camino abierto en tierra,
directo, sin parar
por falta de aliento
o por el límite de espasmo muscular.

Reptaría igual
para alcanzar ese anhelo
que no me permite soñar
y llena de palpitaciones este halo.

Quiero ser atleta cósmica,
poder viajar a la velocidad de la luz,
recorrer los kilómetros
que me alejan de un abrazo,
con eso basta,
para encontrar calma
y regresar a mi caverna,
la elegía que crece
en el jardín de los quiero
y no puedo,
con esta inmensidad de espacio
que media
entre el deseo y tu cuerpo,
entre ser un verso en tu boca
o un solo uni-verso.

ENTRÓ UNA NUBE

Tras la ventana
bajas están las nubes
a los pies de la montaña.
Visten de blanco la ladera,
pintan niebla el panorama.

Abrí al amanecer las puertas
y una de ellas entró callada,
envolvente polvo atmosférico
suspendido en la entrada.

Un cúmulo de gotas de agua evaporada
entre los muebles, la llave colgada
y un pijama de rosas blancas.

En la humedad de su centro
tumbé el aliento y cerré
los ojos átonos de duelo,
buscando la alquimia
de su savia y mis lágrimas:
sodio, oxígeno, hidrógeno
y un mar de soledades ácidas.

Reverso

«Fui una letra de tango para tu indiferente melodía».
Julio Cortázar

*«Muy frecuentemente las lágrimas son la última sonrisa del
amor».*
Stendhal

ABANDONO

Me tumbé buscando
una posición más cómoda,
giré mi cuerpo hacia el costado
y alcé la sábana hacia la cintura.
Aún los ojos eran grifos rotos,
mientras esperaba el efecto
del sedante hermano del sueño.

Dejé la razón en blanco
y es cuando sentí el resto:
un túnel vacío y doloroso
desde los muslos
a la garganta,
como si mis órganos me hubieran abandonado
o me los hubieran arrancando
sin anestesia.
Tu ausencia ya era algo real
o yo fui consciente de ello,
del asalto de una terrorífica
nueva vida.
Y en un ovillo encharcado
abracé el hueco que dejaste.

DIAMANTES

Cuando el ojo queda árido,
fuera hartazgo o desilusión,
mi presente necesario
germina diamantes,
fósiles en el tiempo,
poemas remanentes
de lo indestructible
que llaman amor.

Son tallas pulidas
que arañan los cristales
o embellecen un cofre,
fríos,
reflectantes de cromáticos duelos
que apresan adictivas líneas,
incomunicadas,
en una infinita callada,
neuralgia interior de su carcasa.

Un lujo innecesario
para tus flores muertas.
Una poeta no puede sentir
con unos versos escapados,
perdidos,
nacidos en un pasado remoto
y condenados al exilio,
donde anclé mi primer latido.

Esa fue tu entrega.
Dime ahora cómo vivo
con cenizas de flores muertas
dentro de esta urna
que decoro sin razón y diamantes.

DIME ADIÓS

Si me vas a matar con la indiferencia,
chuta una bala en el cráneo rápida.
Vivir con esta profunda tristeza
no es soportable.
Trabajar con la mente ida
y mirar a quien enseñas
aguantando una lágrima.
Conducir sin pensar en giros,
autómata al volante hasta casa.
Tirarte de frente a una glorieta.
Sí, eso sí.
Mandar a la mierda todo,
hasta la música que más amas,
no está bien.
Por eso, remata la faena,
enseña colmillos si hace falta,
de frente y a hierro candente,
dime que me vaya.

DISTANTES

Te vendo un santuario
de los despojos que ya no necesito.
Mira el abismo entre nuestros alientos,
ahí podrías lanzarlos,
a la profundidad infinita
abierta en tierra,
donde la lava destruye
cualquier indicio de latido.

Espero un último acto,
el valor de un paso,
solo uno,
la valentía a cara perro
de soltar lo que no es tuyo,
el coraje de mostrar
el auténtico rostro escondido,
el yo sin máscara,
ególatra,
que tan bien guardas
olvidando que la mentira
tiene las patas muy cortas.

EL CASTIGO DE NEPTUNO

No diré lo que no quieres oír.
Me ha arrollado una ola,
ando a vueltas en su bucle
sin fuerzas para salir,
tragando arena
succionada por su resaca.

Entiendo que debo callar los sentimientos,
porque unas manos acuosas
aprietan mi cuello.
Tengo que silenciar las emociones,
como translúcidos fantasmas.

Hoy ha sido poner un pie
fuera de la cama
y el levante de un furioso mar
me esperaba,
coronado de algodones grises
aliados: agua dulce que se estrella
contra la mar salada.
Y yo enredada en la orilla
a brazo partido
y pataleo de cría
en busca de aire.

Entiendo que debo estar sin estar,
ser buena.

Todo para que no huyas
y esta mente me torture
de nuevo en los infiernos
de la nada oceánica
otro puñado de años
envuelta en una ondulación.

EVANESCENTE

Cinco sentidos aminorados
advierten de una movilidad
más cercana a la muerte
que a la vida.

Lo ácido, lo amargo o lo dulce
saben igual,
saben a nada.
Una lágrima sin sal,
un golpe sin dolor,
un perfume olvidado
y no reconocido,
una canción sin sonido,
música o letra,
solo muecas grotescas, mimo insípido,
ironía limítrofe a un autismo
de todo lo sensorial.

Así que mejor no me toques,
no me hables
ni me cantes.
No me abraces ni me beses,
porque vas a atravesarme como aire,
cual espíritu errante
que insiste
en poner los pies en tierra, mudo,

mientras no sabe qué hacer con las manos
ni reconoce su transparencia.

FOREVER

Si decir adiós fuera una descarga,
mal camino sería un encuentro,
pero ardo por sostener mil holas
y el deseo de infinitos regresos.

Así que te esperaré esta noche
y mañana noche,
y todas las noches del planeta.
Después de todo,
una noche no es más que un sol escondido,
o un caballeroso gesto
de abrir una puerta a la luna.
Como lo es dejar un espacio vacío
de espera
en una mitad de la cama.

Porque aún tu voz es canto
de lo trivial o lo profundo
donde me apaciguo,
descanso
y me asiento.

Te esperaré
en la cadencia de tu onda sonora,
eco cavernario de mis sueños.
Aunque solo quede de mí

una calavera fosilizada
y flores muertas.

HE VUELTO

Vengo de quemar rueda,
de tragar kilómetros
en un blues anfetamínico de Lanegan,
en el blues del "soplapollas"
de Dirt River Radio
llorándome en las llagas.

Vengo de abrir una grieta en el cielo
con un grito amortajado
de acordes psychobillys
amasada en besos,
en música restaurada.

No sabes que tu abrazo moldea
los cuerpos en baladas.

Y tengo que desmoronarme,
hacerme arena y rehabilitarme
como el poema que era
antes de salir de casa.

Encontrar mi propio ritmo
la voz lírica y la metáfora.
Volver a las andadas torpes,
rebeldes sin causa.

Volver a la cascada de rimas
en la más pura asonancia
de temas imposibles
cimentados
en la fluctuación de tu pentagrama.

Vengo en clave de sol,
amordazada,
a una tierra de orquestas mudas
para diluirme en el silencio
de mi cárcel de palabras.

HELADA

Creo en pocas cosas,
pero casi tengo la certeza
de que no me piensas.

Hay certezas que te calan
por los ojos,
que se enrojecen, escuecen,
humedecen como valles
bajo el rocío de la alborada.
Por la piel,
que se ondula, encoge, eriza
como el mar.
Por el pecho,
que electrifica a pulsaciones
descontroladas al corazón
y ahoga el oxígeno del aliento.

Certezas como cuchilladas
en la aorta,
dinamitando el paso ventricular
del órgano que dicen que ama.

Cada vez que sentencia
la razón:
«no me piensas»,
una glaciación inunda mi hogar.

Y ya no estoy segura
de si saldré de esta última,
si generar calor propio
o abandonarme en las faldas
de este iceberg que me dejas.

A PESAR DE TODO, SEGUIRÉ

«Injusta», me dices, a estas alturas
que aturden los sentidos,
tras ese tiempo tan remoto
con cicatrices en cada neurona
y arrugas emocionales
en las revoluciones batalladas.

Injusta conmigo,
porque no dejo de taponar la sangre
que escapa y maquillo cardenales
en cada sentimiento,
para aferrarme a la vida
solo por volverte a ver.

Injusta la mentira, la impostura,
la negación de los hechos,
la deslealtad.
Injusta la amistad
que se sostiene con un dedo
momificado
para no caer al precipicio.

Amar no será jamás un acto injusto,
aunque lo que pretenda abrazar
sea un fantasma
de mi surreal cronología.

LUTO

Unas flores mustias y una vetusta imagen
engalanan una urna con tus restos
sobre un altar en la estancia central
de la eternidad de la memoria.
Sin celebración, sin allegados,
regadas por lágrimas penitentes,
confusas de culpa arancelaria.

Esta niebla sobre el iris
impide ver limpia la vida,
eclipsa primaveras,
apaga lujurias.
No hay posibles juegos
donde un luto permanente
cierra el ataúd
de un amor muerto.

Hasta que sus cenizas vuelen
en un rebalaje cualquiera
seguirá oculto el sol
que tanto necesito.

Hay solo una llama de vela
con cera caliente cayendo a los lados,
dibujando escarpados laterales,
a la luz de la cual

bailan las sombras de estos versos
surgidos de un corazón negro
de igual sombra.

MATICES

Diría que paso las noches en blanco
y los días en negro,
pero mi gama mental de colores
es incisiva, persuasiva y asalvajada.

Verdad es también el naranja solar
desquiciado y gradiente
de un brusco despertar
en los centros del sueño.

Verdad el rosa mortecino
en un mediodía frenético
que apaga la energía y la carrera
en mitad del pasillo,
y ahí me quedo un instante,
de blanco satén,
pero de ausente erotismo.

Verdad el dióxido de carbono azul
cuyo color es una falacia,
pero invisible asfixia
verano tras verano
en los aires calientes
de días infinitos.

Verdad el amarillo bucólico
del campo andaluz

que verdea a sus anchas
cuando más allá nieva
y te asientas feliz
donde otros hallan tristeza
(hogar y soledad es paz,
frío y natal invierno).

Verdad el arcoíris entero,
aunque efímero huye
como todo lo bueno,
difuminado,
absorbido en los cielos.

No, no todo es blanco o negro,
aunque tu distancia,
tu indiferencia
provoque un mar
de lágrimas negras
lleno de corrientes transversales
de sangre roja.

NO SÉ POR QUÉ HE NACIDO

Pesan los viernes,
me doblan la espalda.
Una semana que acaba
y mutila
la intención y la voluntad
de haber hecho un trabajo impecable.
Mientras se quiebran los huesos,
las neuronas resbalan sin tensión
ni electricidad, ni ganas de nada,
y el corazón brota lágrimas rojas.
(Por fin libre para llorar)

Es una vida pétrea
donde las certezas
son lunáticos fantasmas,
que traen en sus manos
un ramo de flores secas.

Cuatro millones de intentos,
quizás menos,
quizás más,
de rodar escalera abajo
y abrirte la frente contra la pared,
y romperte las rodillas en un ruego,
sin una mano que se ofrezca
a levantarte ni respuesta,

ni muerte, solo daño
me lleva al deseo
de que la luna me vuelva feto
que nunca quiso nacer,
porque no quiero quedarme agarrada
a los barrotes de esta prisión
sin amor, sin nada,
sin el impulso,
la gota de energía
que arrastra un manantial.

Siempre estancada
en el principio del camino,
con las botas llenas de polvo,
yo hacia allá,
tú hacia acá,
imaginando sonidos
como nubes de palabras
al oído
y buscando el río donde enlazarnos desnudos.
Sentir la caricia ficticia
y la piel erizada,
y fría.
Inventar un abrazo
que sujete dulce
mis caderas.
Hacer de la vida una mentira
eterna sin destino ni final.
Todas las noches.

Y seguir amaneciendo sola,
tras vivir una hermosa película
donde deshago tu nombre
y no hay luna que no la vuelva a ver
en mi cerebro panorámico
a color
dormida o despierta.

Siempre, eternamente sola,
como un cactus crecido
en pleno desierto,
con púas afiladas
para que no me alcance
una caricia.
Y llena de amor dentro.

NOCHES DE *BLUES*

El blues no requiere de una guitarra.
Blues es una actitud,
un verso o un poema,
una mueca acorde a las ojeras,
un andar sobrado y cansado
de respuestas incorpóreas,
un despertar sin intención
tras la misma pesadilla
que cada noche te abraza.
Y es con ella que amaneces,
en tus botas el polvo,
en tus huesos la punzada,
en tu pecho un nudo eterno,
que no te abandona con la luz
de cada mañana.

Los días son luto al sol,
lágrima inflamada, ojo hinchado,
morado marco de mirada
con los que pelear la vida diaria
hasta que la voz poética
surge con el coro de los grillos
y la nocturnidad implícita,
triste sin un consciente consenso
de por qué te has ido.

OTRO TRANCE

La duda y la incertidumbre
son un goteo intravenoso de cianuro.
El oxígeno se agota,
los glóbulos rojos viajan en vano
hacia una hipoxia citotóxica.
Intuyes que no hay otra piel
que la tuya,
fría, húmeda y azulada
sobre una quemazón interna,
que ni dentro ni fuera
la ternura vendrá a curarte
ni el amor detendrá las convulsiones
de un cuerpo desechado,
porque no tuvo la valentía,
el coraje y la fuerza necesaria
para quedarse
y espantar las moscas de la vacilación.

ROSAS EN EL DESIERTO DE LA MEMORIA

Ni lo críptico ni la ausencia temática
me salvan
cuando la palabra es un placebo.
No puedo evitar cambiar,
pero tampoco evito lo inmutable
en mi cerebro.

Lo que no muta es definición
de ser y no encajar.
Si amo, una daga surca el espacio,
corta haces de sensibilidad naciente.
Y ya lo sabía.
Estúpida esperanza.

Lo que cambia tiene una relevancia sin forma.

Mapas físicos de cuerpos enlazados
a color,
en blanco y negro,
en infinitos espacios a dúo
que se disgrega en la distancia.
Y también lo sabía.

Aun así, no puedo pronunciar tu nombre
sin que llueva en el desierto.

Ni las rosas hacen presencia
antes de tu huida
en tan escaso tiempo.

SIN CONTACTO

Un contacto son manos cuyos dedos,
lazos de seda, se anudan,
transportan un vibrar de poros
brazos arriba
hasta abrir corazón y pecho.

Un contacto es un sonido de voz
serpenteando en el oído
como gruta hacia el cerebro,
donde pinta arcoíris
y detona fuegos artificiales.

Es una boca callada
que limita en el punto cero
con otra boca
cuyo lenguaje foráneo
va directo a la emoción
y la dimensión sensorial.

No es el espejismo, el deseo,
el recuerdo.
No sustituye, no es comparable
y supongo que trato de describirlo
sólo por su ausencia.
Re-creo la imagen y el momento
de mis sueños rotos

en imágenes a posteriori
de pequeños trozos de tiempo
en un puzzle
donde siempre faltan piezas.

SOMOS EL IMPOSIBLE

Somos un hilo de telaraña
a merced del huracán
que azota las noches.

Somos una idea que asoma
y se olvida al instante,
porque importa más
comprar el pan.

Somos gravilla taponando
huecos de carretera
que saldrá despedida con la lluvia
y se dispersará a golpe de ruedas.

Somos algo inestable
de igual polaridad,
movible hacia la lejanía temporal
a la que nos aferramos.

El reverso de imanes.

Ya no puedo volcar más amor
a este pozo sin fondo
esperando que salga a flote
en agua pura y dulce,
porque siempre estuvo seco

como ahora lo están mis ojos
desde que no te ven.
Pues con tu cuerpo delante
siempre está ese muro invisible
y elástico que arropa y evita
un contacto real
como buzos nadando
en mares virtuales.

TODO ES RELATIVO

Como el aceite, el jabón húmedo
o un puñado de arena
puedo resbalar de tus manos
y colarme por el desagüe
o confundirme con una playa.

Nada es seguro en el mundo
ni la posesión es real.

Estamos expuestos a un vaivén
de conceptos tormentosos
que igual rizan un huracán
que dejan caer una lluvia torrencial.
Hoy creemos en nosotros
y mañana la distancia nos cruje,
y parte cuerpo y alma en pedazos
que barre un viento pícaro
y los posa sobre una brújula rota.

No sabemos qué creer
cuando los hechos desaparecen
y, desconcertados, cada quien
flexiona sus sentimientos,
sin una base, sin una raíz
desde la que elevarse en tierra.

Hoy no creo en uniones,
aunque mi mente repita tu nombre
y mi corazón llore ríos rojos.

TORMENTA

Como un río sureño de verano,
cuyas aguas dejaron un amplio surco,
ahora reseco y ahíto de lluvia,
una huella enorme semejante
al recuerdo de tu respiración agitada
y tu gemido en los adentros de mi cabeza.

Un río castigado por el sol,
la latitud y longitud geográfica
en este planeta
que espera una tormenta casual,
un regalo, una sorpresa, un pronóstico
de la estación húmeda venidera.

Un río con un pequeño canal
donde acuden pájaros, perros perdidos
y caballos de largas crines
a saciar su sed.

Aún no entiendo qué cruel cambio climático
te afecta.
Quién sabe dónde bebes tú
y por qué no actúas
como una bendita tormenta de verano.

UN POSIBLE ADIÓS

Moriremos algún día.
No voy a resistirme a la embestida,
no será peor que vivir en tu ausencia.
Acostumbrada a lo lejano o lo uniforme,
pero constante el latido,
que a saltos espaciales
comprime el titánico tiempo
en un intenso y explosivo tacto.

Sobrevivo lenta la historia,
hasta el pulso se aquieta
cuando reconozco el cadáver
de lo que fueron ilusiones,
ahora estrelladas
en la mueca de tu voz callada
y tu mirada como asfalto
buscando un féretro acorde.

Dijiste: «Aquí estoy».
Solo espero oírlo de nuevo
antes de un posible adiós.

YEMA DE INVIERNO

Exploradora en el lago nocturno de los sueños,
por si en alguno te veo,
pasan los días acelerados
entre una fauna entristecida
y una sociedad distorsionada.

En los humedales de mis córneas cansadas
flota la última imagen de tu sonrisa:
Ambos frente a frente
en una calle cualquiera de un pueblo blanco del sur
en una fresca anochecida de verano.

Y sin querer o por inercia
le hemos dado licencia a las estaciones
para que el otoño nos avente la memoria
y el invierno congele un pellizco en el corazón.
Y me temo que fue semilla hundida en tierra fértil,
porque una yema brota, presagio de abriles
en estos tiempos revueltos.

Habrá flor antes de encontrarte,
antes que llegue la primavera
y me hable de horas,
y me espante su luz,
donde los ojos abiertos duelan
de pura nada real,

opuesta a esta tormenta virtual
que causa la distancia
y aumenta el apego.

opuesta a esta tormenta virtual
que causa la distancia
y aumenta el apego.

EUTANASIA

Quiero desenchufar
este amor en coma
bajo una sábana blanca
que vegeta,
que no resucita.

Hable, implore,
ruegue o llore,
no dejo de ser
funambulista sin pértiga
con un pie en el aire
a contraviento,
echando un pulso
a lo mecánico e inerte.

Eutanasiar lo que queda
y seguir paso a paso
el cable que me lleve
a otro lado,
desposeída de lo humano,
tirando en el trayecto
el corazón a cuajos.

EL SENTIR PALEOLÍTICO

Del ser aludida,
de la señalización deíctica,
del verbo arrojado
al canal natural del aire,
con tiento y acierto
directo al oído,
de la mirada parlante
que el ojo emite
ya solo queda un recuerdo
bien grabado en la sien,
donde duele según qué.

Aprendí desde la distancia
a usar los sentidos
y la imaginación
en el proceso comunicativo.
Luego vino lo de lijar,
limpiar, pulir las formas.
Ahora estoy perdida
en los emoticonos y la ausencia
de oraciones simples.

La adivinanza no es entendimiento.

Ante cada canción,
cada sentencia virtual,

fotografías y textos
me repito:
no es por mí,
no es por mí,
no es por mí.
Y todo porque grabé a fuego en mi pecho:
no hay verdades
sin hechos.

DAÑOS

Es tan largo un camino de sal
para sanar las heridas
de unos pies desnudos y dolidos
y tan corto un arcoíris.
Tan corta e intensa la lluvia del sur
y tan larga la sequía.
Tanto azul, tanto cielo abierto
que nunca abraza.
Tan corto el poema,
tan cruel.
Qué duro el contexto
de la palabra a solas,
porque sí,
porque hay palabras-puñales,
días sin bondad,
y a veces eternidades.

EDAD DE HIELO

Los ojos están fríos,
por eso esta mirada gélida
pese al verde hierba,
herencia de genes.
Tanta distancia de la luz,
del calor, provocó una glaciación
de la vida que me resta.

Nada crece en mi nevado cuerpo,
lleno de fósiles que antaño
fueron sentimientos.
Y no crecerán.
No germinará una alegría,
no florecerá una querencia.

Prosigo mi viaje en la zona oscura
y atormentada de estrellas muertas
por el universo y por la indiferencia,
por la soledad y el silencio,
por la ausencia de perdón,
rota cuando la humedad alcanza
músculos y huesos
y el dolor reaviva la memoria
de cuando te abrazaba
aun con la espalda partida
y el corazón en la boca.

LA LEY DEL TALIÓN

Creía que había matado la ira,
ese dragón longevo
que dormía sobre mi sombra
y me despertaba con fuego.

Creía en la bondad
que me enseñaron antes de hablar.
Pero un día me sorprendí razonando,
y la razón y el habla tienen dos vertientes.

A una se la puede silenciar,
a menudo lo hago;
sin embargo, dentro enferma, pudre, corrompe,
pero si la liberas, el daño se escupe,
pues basa en la venganza
la paz posterior.

Qué difícil mantenerse en lo ético,
lo social legitimado,
el maldito hemisferio derecho.

Me debo una aceptación:
no voy a cambiar nunca.
Si una lanza envenenada
trata de encajarse en mi pecho,
cortaré tus manos antes de morir.
Ojo por ojo, diente por diente.

INACTIVA

Aquí me hallo, estática,
en el vaivén interestelar
que a dúo llevan
mis átomos y el universo,
al son de una balada descriptiva.

Me hallo atónita y perpleja
de este libertario concilio
ajeno y tan lejano de mi impulso
inerte, medio muerto,
que mantiene los ojos abiertos
para ver la tinta que sola fluye
y reconstruye un poema,
que no es mío,
ni es mi deseo,
que es del espacio-tiempo molecular.
Mientras se arruga la emoción,
se encoge como cachorro sin madre,
porque bien sabe
que un corazón no late
con invenciones unilaterales.

LEJOS DE LA OFENSA

Lejos de aquello que conecte con el ahora,
en un estado hipnótico emanando emoción,
con el ayer dolido y envuelto en una mortaja.
Lejos del mañana de tenue luz
como una bombilla carcomida,
cercana al estallido de la oscuridad.

Lejos de quien insinúe amor en mal estado,
de besos de cumplido y aspavientos de molino,
de prepotencias-máscaras de cobardes
y de las espaldas y los vacíos.

Yo danzo en mi centro sin tiempo
con la ausencia de maldad
que tienen los animales,
al calor de la velocidad de mi sangre,
que siempre ha amado hasta la locura.

Si me rechazan, acepto.
Si luego vuelven, no estaré,
no en ese nivel de presencia
del que ya solo seré un fantasma del recuerdo
o una desconocida.

LLANTO DE DELFINES

Los glaciares se transforman,
como cualquier otra materia
Tanta molécula de agua helada
con formaciones enormes y bellas,
cobijo de osos blancos y otras especies,
danzan deshechas en el océano.

Así mis lágrimas, antes heladas,
se mecen disueltas por
la luz y el calor remanente
que dejaste
en el océano de mi hogar.

Supe que el mundo sería acuoso
el primer día de vida.
He descubierto mi misión:
crear mares salados
como respuesta a la lucha estéril
contra lo que se me ha prohibido.
Y lloro un canto de delfines
deslizándose veloz sobre
una líquida estampida de dolor
a diario,
desde que nací.

Es obvio que acabaré mis días
en un mar artesano
creado daño tras daño.

NOVIEMBRE

Este frío húmedo me otorga
un inyector de expansión al pensamiento
cuando la noche hiela.
Silencio sobre el jergón,
abono para los sueños.

Todos tenemos dentro un océano
que diluye castillos de arena
cuando los cimientos son quimeras.
El levante marítimo del otoño
apresa la imagen y el afuera,
mientras tus raíces son cerebro
agitado
de revoluciones sinápticas,
donde amar es un hecho congelado
y ser amada un imposible
que sigue esperando
la siguiente primavera.

Noviembre como una puerta
abierta al despertar
de las ideas somnolientas
en veranos piramidales.

Toda ley resbala por la piel
al empuje de la lluvia

en saltos de agua
de hoja en hoja.

PÁRAMO DE DISTANCIAS

Ver luz es más que un subjuntivo.
Reniego de poliamorosos,
de esa bruma que dejan en tus ojos,
un nublado en el pensamiento
y un corazón en un cubo de hielo.
Así dejan los cuerpos y las almas,
carroña despedazada
carne muerta.

Me pregunto si este volcán
es ficción imaginaria o existe,
pues siento un vacío pedregoso y seco,
lejos de la incandescencia del contacto,
de la ignición explosiva.
Un monte abierto en silencio de siglos
donde el fuego extinto dibuja bocas secas
en su estructura piramidal invertida.

A este paso, quedaremos tarde en un desierto
cuando la vehemencia se deshaga en arena,
granos minúsculos de huesos y ropa
amontonados a merced del viento
y a la esperanza le cuelguen telarañas
que una lluvia torrencial no rompa.

Sé que existe la pureza y un amor blanco,
son y están en mí desde siempre.

Pero más allá de la piel solo hay un uso
y un abuso.
Mejor sola que compartida.
Ariadna es un cómic a mi lado.
Ya me he convertido en estatua de sal
y a base de lágrimas reconstruyo
el mar que nunca dejó de abrigarme.

MUSAS MUERTAS

Mi ojo izquierdo es la portada
y el derecho la tapa contraria
con una sinopsis
de lo que el cuerpo trama.
Te dirijo miradas bibliófilas
en el capítulo tercero
que esboza mi boca
y no me lees.

La música es intrusa fácil,
apenas apela al intelecto
para atravesar el túnel del oído.
No así la lectura.
Deslizarse linealmente
entre versos
supone esfuerzo,
intención, querencia.

Soy libro,
tinta en las venas,
ritmo en el habla,
vestida de poemas.
Apenas de reojo llegas,
me desnudas
y me dejas
desconocida e indefensa,

ilegible y expuesta
a la poesía pura
a la que tus actos me alientan.

Desespero con un epílogo en la cama:
esta escribiente no tiene letras,
no puede hablar de amor.
Mientras crees que tus besos
generan una biblioteca.
No.
Una poeta frustrada
es una humana que estalla
la rima, la forma y la belleza.

QUEDA UNA SEMILLA

Los pozos secos no manan agua alguna.
Quedan en el tiempo como objetos decorativos
de un histórico y pletórico momento
cuando desbordaban frescura y utilidad.
Piedra deshidratada, amarilla y árida
desde la boca al fondo oscuro cenagoso,
y ese golpe seco del cubo en lo profundo
con el rescate de nada en la entraña.

Pedías palabras, yo no.
Yo pido agua y pido ardor.
Pido el fin de la sequía,
el ruido líquido audible
que arrastre la costra estancada,
y la inmovilidad emocional.
Pido una estación nueva
para olvidar lo pasado
escarbando en tierra limpia
huecos para hierba con rocío.
Tengo que plantar un árbol de amor,
quizás el último,
con la esperanza terminal, mortuoria
y regarlo con lágrimas.

RUEDA MENTAL

El eje del tú está suelto.
La rueda mental oscila
y zarandea la carga
de este carro viejo que,
antaño llevado por enérgicos caballos,
suena a grilletes sin aceite
en cada montículo del camino
a punto de despedazarse
ahora.
No te reconozco
o quizás no te conocí nunca.
Aunque yo creía,
ya no hay fe ni en mis respuestas.
En la última travesía
se desmoronaban los deseos,
las razones dispersas e inconexas
de los cardio-pensamientos.
Va a ser improbable,
sin sentido,
un nuevo viaje
sin romperse la estructura
dejando esparcidos los enseres
en el camino.

ÚLTIMA ESCENA

Ya no hay más.
Tiempo, karma y destino
aliados para un cierre de telón.
Sin aplausos, sin público,
sin un aire de frente
al que resistir
con las manos entrelazadas.
Sin un dar la cara al mundo
por un secreto absurdo.
(Ni las nubes nos vieron besarnos).

Ya no habrá más.
Ni contigo ni con nadie.
Tanto me duelen los ojos,
tanto me pesan los párpados,
tanta la sangre perdida
de este cansado corazón,
que en reserva me siento
para retirarme del ruido social,
de emanar más energía,
de movimientos forzados
que me agotan
hasta el último átomo decepcionado.

¿Quién dibujó las líneas de mis manos?
Las maldeciré lo poco que me reste de vida,

recluida, escondida, solitaria,
abrazada a la palabra escrita
y no pronunciada.
Desde ella te recordaré, mundo cruel,
que no era tan difícil
recibir amor
cuando siempre brotaron manantiales
desde mi primer llanto.

CADENAS ROTAS

Ahora que sé que tu creatividad,
aquella que procede de la emoción más honda,
la que se entrelaza con la razón,
la que nos da la vida a ciertos locos,
ni siquiera me nombra.

Ahora que vi la laguna negra
donde flotan tus cadáveres,
las ideas muertas
y las flores secas
supe que nunca antes
estuve allí,
donde te nace el amor,
y que no nadaré en lodo.

Aunque me ofrezcas una mano,
una palabra,
grites mi nombre al cielo
o esboces una balada,
no solo seré silencio,
sino la nada,
esa nada universal
que te resbala
sin mojar tu lacrimal.

He llorado mares, es verdad,
pero tú no sabes nadar

ni te has atrevido siquiera
a jugar en mis orillas,
donde reposa el nácar de mis versos.

No hay función recíproca.
No hay religión ni fe.
Las musas mienten.

Es el último poema que te escribo.

ÍNDICE

Sobre la autora

María Ramos es una de esas autoras que tardó en alzar la voz, en creerse poeta, en coger un micrófono y leer lo que escribía. Incluso tardó en publicar su primer libro. Una vez que decidió hacerlo, emprendió una carrera de fondo sin parar de escribir. Sintió un impulso incontrolable de expresar. Desde su infancia, alimentó la curiosidad y la necesidad de respuestas. Todo aquello le llevó a lecturas de lo más variadas, incluidos ensayos psiquiátricos y psicológicos. Ahondó en la música *rock*, que le conectó con los poetas *beatniks* desde los once años.

Sin la imaginación desbordada de su abuelo y la adicción a la literatura de su abuela hoy en día no sería quien es. Creció en un pueblo marinero, La Carihuela, en Torremolinos. El contacto con aquella naturaleza salvaje, que todavía podía respirarse en los años sesenta, abrió en canal la sensibilidad y la imaginación de una niña más bien solitaria que se formó en Filología Hispánica y hoy se gana la vida como profesora de Lengua, Literatura e Inglés.

Hasta la fecha ha publicado en poesía los siguientes títulos: *Del tango al blues (y vuelta al sur)*, 2008; *Stoner,* 2010; *Del metal al caos (Aleación III),* 2012; *Des-mito, ego te absolvo* (Ediciones del Atardecer, 2015); *Metalingüística en vena* (Editorial Líneas Difusas, 2016) y *Un ente en el diván* (Editorial ExLibric, 2018). En el año 2011 publicó un cuento titulado *Alicia.* Además, ha participado en numerosas antologías nacionales e internacionales.